死ぬまでに見たい!

BEAUTIFUL HOUSES IN THE WORLD

世界の美しい家

X-Knowledge

Contents

03

America

04

Asia/Oceania

05

Japan

United Kingdom
イギリス

イギリスの国花であるバラに抱かれた、オックスフォードのレンガ造りの家々。玄関と屋根窓の破風部分、さらに正面にある4つの窓枠を白く塗ることで、植栽の緑とともに赤いレンガの建物にアクセントが与えられた。屋根の両脇にふたつある煙突の煙筒も、装飾が施されている

United Kingdom
イギリス

柔らかな布のように、草葺き屋根が住まいをやさしく包み込む。小麦を収穫したあとの麦わらや水辺に生えるヨシなどで葺かれた屋根は、てっぺんにあたる棟部分がとくに厚く、丸みをつけたりハシバミの小枝で模様をつけたりとデザインにもさまざまな工夫が。おとぎ話の家のようなそのかわいらしさは、今も人々に愛され続けている

United Kingdom
イギリス

16世紀チューダー王朝の時代、中世イギリスの代表的な建築方法「ボックスフレーム」で建てられた木の家。建物を支えている柱が外側からもよく見えるその姿は、丸太を半分（ハーフ）に割った材木を使うことから「ハーフティンバー様式」と呼ばれる。柱の間は粘土や馬の毛などを混ぜたものを塗り、土壁として仕上げた

United Kingdom
イギリス

真っ白い壁に茅葺きの屋根、頂部に十字架がある丸い家は、コーンウォール地方・ヴェリアンの名物建築だ。「ラウンドハウス」の名で親しまれるこの家々が、村の真ん中と両端にそれぞれ建てられたのは19世紀初め。壁に角をつくらないことで悪魔が隠れる場所をなくし、屋根の上には十字架を立てて魔除けにしたという

United Kingdom
イギリス

伝統的なイギリスの木造住宅でよく目にするカーブした柱は、実はもともと一本の丸太。半分に割いたあと、向かい合わせにして家の梁を支えるため、よく見ると互いに対称の形になっている。青空に映える白い壁は、割れにくくて強い日差しや雨にも強い石灰を塗って仕上げたもの。ケンブリッジシャー州・ホートンの街で

United Kingdom
イギリス

北ウェールズ・グウィネズ地方で見られる、伝統的な石造りの一軒家。地域で採れる石を使った壁の厚さは60cmほどで、柱なしで家全体の強度を保つために窓やドアなどは小さめにつくられた。屋根はウェールズ特産の天然スレートで葺かれている。形や厚さを一定にして材料を切り出し、きれいに並べた切妻屋根は、繊細で美しい

United Kingdom
イギリス

白い壁と黒い木材のコントラストが魅力的なチューダー様式の建物は、ハーバード大学の創立に力を尽くしたジョン・ハーバード牧師の母の家だ。シェークスピアの故郷として知られる街ストラトフォード・アポン・エイボンの中心部にある。もとは16世紀末に建てられたが、大火で一度焼け落ち、今見られるのはその後に再建されたもの

United Kingdom
イギリス

グルメやアートの街として知られる北部の城塞都市・ヨーク。中世から続く伝統的な街並がよく残っていて、城壁に沿っての街歩きが楽しい。壁を共有し、路地沿いにびっしりと建てられ延々と続くテラスハウス様式の住宅は、日本の「長屋」にあたるもの。近世から現代まで続く典型的な都市の風景のひとつだ

United Kingdom
イギリス

ロンドン郊外ウェーブリッジに建つヴィクトリアン・スタイルの別荘は、伝統的な19世紀イギリス建築の姿をよく伝えている。細かく段がつけられた屋根、色違いの煉瓦でひし形のパターンをつくりながら積んだ壁など、凝ったデザインが目を引く。イギリス国内で〈建築上または歴史上とくに重要な建造物リスト〉にも入っている

Ireland
アイルランド

セントジョージ海峡越しにイギリスと向き合う、アイルランド東海岸のウェクスフォード州はその昔バイキングたちによってつくられ、栄えてきた土地。石が採れなかったこの地で、人々は土と泥をこねて壁を作り、穀物を収穫したあとに残る麦わらを使って、丸みを帯びた美しい屋根を葺いてこのかわいらしい家を建てた

Ireland
アイルランド

広大な北大西洋に向かう船の玄関口であるケリー州・ポートマギーは、小さくて静かな港町。あざやかに赤い壁の家を隔てて、沖合に浮かぶふたつの島が見えた。切り立った岩山は世界遺産であるスケリッグ・マイケル、もうひとつはツノメドリが住むパフィン島。どちらも大自然の営みを示して迫力満点

Iceland
アイスランド

馬の飼育や酪農が盛んで、アイスランドの中でも豊かな農業地帯といわれるフィヨルド地帯。スカーガフィヨルズルの街では、大地をそのまま持ち上げて現れたような、草で覆われた農家の家々が残されている。18～19世紀のアイスランドの田園生活とその精神とをかいま見ることができるたたずまい

Iceland
アイスランド

屋根から壁まで、家全体をふさふさとした緑が包み込む。アイスランドに現代まで伝わる草屋根の家は、周囲の自然と調和するやさしい姿を見せるとともに、寒さが厳しいこの国で暖かく暮らすための防寒設備として重宝されてきた。スカフタフェットル国立公園では、この伝統的な家越しに流れる氷河の雄大な景色が眺められる

Norway
ノルウェー

雪をかぶった山々が夜明けの光でピンク色に染まる。なだらかな山々と果樹の森、たくさんの滝に囲まれたハダンゲルフィヨルドは、ノルウェーにあるフィヨルドの中でもとりわけ牧歌的でのどかな雰囲気をたたえている。水辺に点在する家々の赤い壁に黒い屋根、白い窓枠のコントラストが美しい

Norway
ノルウェー

北極圏に位置するロフォーテン諸島は、万年雪をいただいた山々と青い海に囲まれ、オーロラ観光も楽しめる美しいエリア。冬には数千もの漁船が繰り出してにぎわう、ノルウェー屈指のタラ漁の漁場としても有名。そのうちのひとつ、モスケネス島には海に直接張り出した高床式の木造の家が連なる。「ロルブー」と呼ばれる伝統的な漁師小屋だ

Norway
ノルウェー

ノルウェー西部のフィヨルド地帯、小さな港町オーレスンには、アール・ヌーヴォーの影響を色濃く残す街並が続く。20世紀初頭に起きた大火事で多くの家々が失われたとき、復興を願う若い建築家たちがたくさんの尖塔や装飾をつけたカラフルな建物群をつくり上げた。今やノルウェー有数の美しい街となり、多くの人が訪れる

Norway
ノルウェー

フィヨルドと森、そして山の国であるノルウェーは、その豊かな森の恵みを受けて、人々の家は木でつくられるのが一般的だ。さらに伝統的な住まいではしばしば「草屋根」が採用される。白樺の樹皮を屋根に敷きつめ、その上に土を置いて芝を植えると、夏は植物の蒸散作用で涼しく、冬は断熱材となって寒さを防いでくれる

Denmark
デンマーク

アイスランドとノルウェーのほぼ中間、北大西洋に浮かぶフェロー諸島。住む人々はバイキングの末裔として古い文化を大切にしながら暮らしている。メキシコ湾流の影響で冬でも凍らない港を持つ小さな街・キルキュボーには、伝統的な芝屋根の緑にタールで黒く塗った壁、赤い窓枠の色あざやかな家々が並ぶ。北欧神話の世界へと招かれたようだ

Denmark
デンマーク

カテガット海峡に面した穏やかな海岸線を持ち「デンマークのリヴィエラ」の異名を持つ北ジーランド州は、シェイクスピアの名作「ハムレット」の舞台となったクロンボー城もそそり立つ景勝地。海辺のほど近くに建っているサマーコテージの大屋根は、芝草で一面に覆われていた。吹きつけてくる海風を防ぐための、古くからの知恵

Greenland
グリーンランド

岩場の多い海辺に点在する小さくてカラフルな家々。それが世界最大の島・グリーンランドの東にある街イトコルトルミットを象徴する風景だ。古くからイヌイットの人々が住んだこの土地の住民は数百人、今でも氷の海でアザラシやカレイを穫り、犬ぞりを駆ってホッキョクグマやウサギを追う、昔ながらの暮らしを続けている

Greenland
グリーンランド

目の前に広がる圧倒的な風景は、イルリサットの街そのもの。グリーンランド西部、巨大な氷河がそのまま海に注ぐこの土地は世界遺産に登録され、世界中から観光客がやってくる。純白の氷塊が浮かぶ深い青色の海を背景に並ぶ、赤・黄・緑と塗り分けられた家々は、荒々しい大自然に寄り添って生きる人々の力強さを感じさせる

Sweden
スウェーデン

ログハウス発祥の地・スカンジナビアの人々が建てる住まいは、やはり木造が主流だ。多く見られるのが外壁を赤く塗った家。これは日本でもおなじみのベンガラが使われている。世界遺産にも登録されたファールン銅山で最初に作られたため「ファールン・レッド」の名で親しまれる塗料だ。緑にも雪にも映える真っ赤な家はスウェーデンの風景に欠かせない

Sweden
スウェーデン

北欧の短い夏、人々はてんでに森や湖、海辺に出かけて休暇を楽しむ。その拠点となるのが「サマーハウス」。サウナや薫製小屋なども備えた別荘風の家で家族とともにアウトドア中心の数週間を過ごす。スペイン風の瓦を載せた腰折れ屋根に緑の壁、ベンガラ色の窓枠がかわいらしいこのコテージは、どんな家族を迎え入れるのだろう

Finland
フィンランド

雪帽子をかぶって森の中に建つログハウスは、フィンランドの伝統的な木造の家。太い丸太を割らずに交互に積み重ねたその姿は、日本の「校倉造」に共通する。外の寒さが入り込まないよう窓は小さく、プロポーションはがっしりと低め。装飾も少ないシンプルなその姿は、シャイだけれども心温かいフィンランドの人々を映し出すようだ

Netherlands
オランダ

刈りそろえられた茅葺き屋根の美しさに目をみはった。見かけたのはフリースラント州。オランダはヨーロッパの中でも茅葺きの家が多いことで知られる。海面より低い土地を干拓して国土を作ってきたこの国の民には暮らしのそばにいつも運河や湿地があり、質のよいヨシも手に入れやすい。火事に備え、茅葺き屋根専用の消防技術も開発されている

Netherlands
オランダ

緑と白のあざやかな色彩が美しい木造建築が迎えてくれるザーンセ・スカンスの街は、黄金時代といわれる17〜18世紀オランダの暮らしをそのままの姿でとどめている。曲線をダイナミックに強調したファサードは、当時流行のデザインを反映しているようだ。運河にかかる木製の橋や風車小屋も、深い緑色に塗られたものが多い

Netherlands
オランダ

オランダ第4の都市ユトレヒトの近郊に、13世紀から続く歴史を持つデ・ハール城がある。廃墟だった館は再建され、今は多くの観光客でにぎやかだ。古城のアクセントとなっているのが、赤と白で塗られた鎧戸。城を取り囲む家々もいつしかそれを取り入れた。扉や破風を塗り分けることも。城下町ハールザイレンスが「赤の町」と呼ばれるゆえんだ

France
フランス

ドルドーニュ地方の街・サルラは、中世〜ルネッサンス〜17世紀までの歴史的な家並が集中して残ることで知られる。国内で初めての景観保護法が適用され、美しい大聖堂や14世紀に建てられた邸宅、多くの一般住宅が破壊をまぬがれた。建物も路地もアースカラーの石でつくられた旧市街の暖かみは、訪れる旅人を時を忘れた彷徨へといざなう

France
フランス

ブルターニュを代表する高級リゾート、サン・マロ。16世紀には政府公認の海賊「コルセール」の拠点として栄えた城塞都市は、びっしりと並んだ石造りの建物の間を縫うように続く路地の散策が楽しい。第二次世界大戦で激しく破壊された街を、人々がひとつひとつ石を積み上げて修復した街並だ。城壁の上に上がれば、目の前に広がるのはエメラルド海岸

France
フランス

薄く切り出した石材で見事な曲線を描いた屋根が美しい。白と茶のしま模様の壁と相まって、物語に出てくる家に出会ったようだ。ここはフランス最北部ノルマンディー。モネをはじめとする19世紀印象派の画家たちがアトリエの外に飛び出し、こぞってモチーフとした魅力的な風景は、今も変わらず訪れる人を迎えてくれる

France
フランス

ふたつの川の合流点として、紀
元前の時代からブルターニュ地
方の中心都市だったレンヌ。街
の中心、三角形の広場を取り
囲むシャン・ジャケ通りには、
17世紀に建てられた5階建て
の木造建築がすらりと建ち並
ぶ。ストライプと格子を複雑に
組み合わせたカラフルな家々が、
リズミカルな音楽を奏でている
ようだ

France
フランス

ドイツ国境に近いエギスアイムは、2013年に「フランスでもっとも美しい村」に選ばれた。ローマ教皇レオ９世の生誕地にしてアルザスワインの名産地でもあるこの村は、中心部にある広場を囲んで、中世そのままの姿の家々がぐるりと並ぶ珍しいつくり。うろこ型に薄く切り出した石で葺いたトンガリ屋根と、木組みを支えるどっしりとした壁土が愛らしい

France
フランス

海辺にたたずむ石造りの家の窓が見つめる先は「史上最大の作戦」として知られるノルマンディー上陸作戦が行われた海だ。伝統的な住宅といえば木組みの家が思い浮かぶノルマンディー地方だが、コタンタン半島東側に広がる小さな街・モルサリーヌでは、色あいもさまざまな不定形の石材を組み合わせ、美しい外壁にしつらえた住まいに多く出合える

France
フランス

古代ローマの遺跡や中世の城塞など重厚な建物が数多く残るラングドック地方は、北に向かえば中央山岳地帯となる。深い山が連なる中、人々が酪農や牧畜で暮らす地・ロゼールに石造りの家々を見つけた。分厚い石塊の存在感と小さくつけられた窓、質素でつつましいそのたたずまいは、代表的なロマネスク建築のひとつであるシトー会修道院を思わせる

Spain
スペイン

緑の山々の中に突如、目を射るほどに輝く街が現れた。アンダルシア名物の「白い村」のひとつ、起伏のある石畳の路地が縦横に走るカサレスだ。レンガを積んだ家々は、この地方特産の石灰岩から作られる漆喰で真っ白に塗り上げられ、スペイン瓦の屋根をいただく。夏の強い日差しを受けても熱がこもらず、人々は快適に暮らしている

Spain
スペイン

クエンカは切り立った断崖に建つ、9世紀の昔から栄えてきた城塞都市だ。ゴシック様式の大聖堂や修道院などのほか、この街のシンボルになっているのが、崖から川に向かってバルコニーがせり出している、通称「宙吊りの家」。14世紀に建てられたこの建物は、住居からやがて市庁舎として使われ、現在はレストランや美術館となって、まだまだ現役

Spain
スペイン

独立と自治の気風に富むカタルーニャの州都・バルセロナの近郊、サンタコロマの街は13世紀にテンプル騎士団によってつくられたといわれる。旧市街の中心部にある広場を囲んで建つ建物のひとつに、空を映すように青く塗られた壁を見つけた。鍛造製のバルコニーに飾られた花々、赤と黄のカタルーニャカラーの帯との明るいコントラストが楽しい

Spain
スペイン

紀元前からの歴史を誇るセビーリャ最大の魅力のひとつが旧市街。15世紀までユダヤ人の居住区だったサンタ・クルスは19世紀には富裕層に愛され、邸宅街となった。迷路のように入り組んだ細い路地に連なる白やピンクに塗られた家々の窓辺は繊細な鉄製の格子に花が飾られ、小さな広場はオレンジの実る街路樹で囲まれている

Spain
スペイン

人口千人にも満たないフォルナルッチは、地中海に浮かぶマヨルカ島の山間にある。1983年には「スペインでもっとも美しい村」にも選ばれた。路地や階段の両脇に並んだ家々がまとう薄茶色の石が、この街全体を穏やかな色彩に織り上げる。暖かみあるその色に、街路を飾るオレンジやオリーブの木々と窓枠の緑が映えてなお美しい

Portuguese
ポルトガル

港町・ポルトの旧市街は世界遺産にも登録された、ローマ時代からの長い歴史を誇るエリア。かつて外洋帆船の波止場だったドウロ川沿いのリベイラ地区は、中世そのままの家並がカラフルだ。川に向かって隙間なく連なるのっぽの建物群は、外壁全体をポルトガル名産のアズレージョ（青い装飾タイル）で飾ったものも

Portuguese
ポルトガル

「大西洋の真珠」とたたえられるマデイラ島北部にあるサンタナ村には、15世紀の開拓時代、畑仕事に従事した労働者たちの住居となった伝統的な家が残る。麦刈り後のわらで葺いた家は夏涼しくて冬暖かく、快適な住まいだ。急勾配の屋根は雨を素早く地上に流し、雨漏りを防いでいる。室内には屋根裏もあり、収穫物の保管スペースとされた

Portuguese
ポルトガル

13世紀のポルトガル王ディニス1世が王妃イザベルにプレゼントしたという、その美しさは折り紙付きの城下町、オビドス。白い壁にオレンジ色の瓦を載せた家々は黄色や青色の塗料であざやかにふちどられ、青空の下でくっきりとした輪郭を見せる。黄昏時にはそのコントラストもやわらぎ、代わりに中世へとタイムスリップした世界が出現した

Portuguese
ポルトガル

世界屈指のサーフスポットとして知られるエリセイラは、一歩入れば曲がりくねった細い路地が続く静かな漁村の家並。石と粘土と日干しレンガでつくられた住まいは多くが白と青で塗り分けられ、ポルトガルの青空をそのまま写しとったようだ。ふいに出合ったのはかわいらしい泉。海の神を描いたとおぼしき装飾タイルには「ERICEIRA」の文字も

Germany
ドイツ

ドイツ最北の地は、鳥や海獣、水中動物など豊かな生態系を育むワッデン海に浮かぶズィルト島だ。東海岸の村・カイトゥムには、北フリースラント地域の伝統的な茅葺き屋根の家が点在する。目の前に広がる干潟から集めるヨシで分厚く葺き上げる屋根は夏涼しく冬暖かい。木陰に見え隠れする白壁の家々と美しい庭はおとぎ話の一場面のようだ

Germany
ドイツ

ボッパルトの街はヨーロッパを代表する大河・ライン川が大きく蛇行する渓谷沿いに広がる。ドイツ有数のワインの産地として知られるこのエリアはローマ時代からヨーロッパの要衝として栄え、中世からの歴史を語る多くの古い建築に出合える街だ。真っ赤に塗られたハーフティンバーがあざやかな5階建てもそのひとつ

Germany
ドイツ

シュバルツバルト（黒い森）の東端に位置するシルタッハ。ドイツの「木組みの家街道」ルート上にあるこの街は、14世紀の昔から切り出した木材を筏に組み、川に流して運搬する貿易を行ってきた「木の文化圏」だ。街中にはハーフティンバーの建物が林立し、中には400年以上の時を経た強者も。連なる木造建築の圧倒的な存在感に息をのむ

Germany
ドイツ

かつての東ドイツやポーランド、チェコを含む地域で広く見られる、ウムゲビンデハウスと呼ばれる住宅。「ウムゲビンデ」と呼ばれるアーチ型の木材が１階部分をぐるりと囲み、建物全体を支える。２階以上は木と土の薄い壁で、保護と装飾を兼ねてスレートなどを張りつけてある。この3階建ての家では、しゃれた格子柄を選んだらしい

Germany
ドイツ

シュバルツバルトの伝統的な農家の住まいでは、巨大な茅葺き屋根の迫力に圧倒される。家族の居室からキッチン、納屋、農作業スペースまで、暮らしのすべてがこの大屋根の下にまとめられ守られてきた。ホルンベルクはシュバルツバルトのほぼ中央に位置する渓谷沿いの街。この農家では、家の正面にあたる妻側の屋根だけが石で葺かれているようだ

Germany
ドイツ

「中世の宝石箱」とたたえられるロマンティック街道の白眉・ローテンブルク。旧市街は石造りの教会からハーフティンバーの家々、入り組んだ路地など中世の物語世界が広がる。「旧鍛冶屋の家」はもっとも有名な建物のひとつ。黄色い土壁に赤い木組みが映える破風の中央を飾るのは、冠をいただいた緑色の蛇の紋章。鍛冶屋ゲルラッハ本人の手によるものだ

Germany
ドイツ

背の高い切妻の家の階段状ファサードに、石を刻んだ渦巻きや曲線の縁飾り、ギリシャ・ローマ風の付け柱が施されている。16〜17世紀のドイツ北部で人気を博したヴェーザールネッサンス様式の家だ。レムゴーにあるこの建物は別名「魔女市長の家」。ハンザ都市として栄え、宗教改革の中心となったこの街で多くの魔女裁判を行った市長の住まいだった

Germany
ドイツ

標高700メートルのレンググリースは、ドイツ·アルペン街道沿いの山岳都市だ。オーストリア国境に面したこの街は、森や湖、美しい川を巡るハイキングのほか、冬はミュンヘンからもっとも近いスキー場がある街としてスキーヤーが訪れる。窓の下に薪を積み、赤い花々を飾る大屋根の農家住宅は、すぐ南にあるチロル地方の山小屋を思わせる風情

Switzerland
スイス

名峰マッターホルンをはじめ、周囲を4000メートル級のアルプスの山々で囲まれたツェルマットは、その絶景を求めて人々が集まる世界屈指の山岳リゾート。しかしそのにぎわいは、実はほんの150年ほど前からだ。小さな農村だった記憶を物語るような家が切り立った谷にたたずむ。天然スレートの屋根と板壁の素朴な美しさを、雪をかぶった山が引き立てる

Switzerland
スイス

オーストリア国境に近いグアルダの街では、建物の白壁に描かれた絵をいたるところで見かける。「スグラフィット」と呼ばれるこの装飾は一度塗った漆喰を削り取って描く技法。幾何学模様や動物、紋章などでエンガディン地方独特の厚い壁を飾るのだ。1975年、この街は歴史的な建築をよく保存している街としてスイス文化財保護協会から表彰された

Switzerland
スイス

シュプリューゲンはヨーロッパ有数の峠の街。標高2100メートルを超えてスイスとイタリアを結び、アルプス越えの難所として旅人に恐れられたヴィア・マーラ峡谷を擁し、ローマ時代から要衝として栄えた。今では冬はスキー、夏は峠を越えてイタリアをめざすハイキングの基地に。ぽってりとした白壁に小さな窓をつけた昔ながらの家々が迎えてくれる

Switzerland
スイス

ドナウ川の源流、イン川のほとりにある「秘湯の里」シュクオール。中世から温泉場として知られ、街のあちこちにある泉では、わき出す鉱泉を誰でも自由に飲むことができる。家々の壁にはエンガディン地方の装飾文化の華・スグラフィットが美しい。色違いの漆喰を重ねて塗り、あとから削ることで色あざやかな紋章や花々、格言などを描いている

Switzerland
スイス

ユングフラウ、アイガー、メンヒのアルプス三山を間近に望むミューレンは、世界中から訪れるハイカーがゆったりとそぞろ歩く静かな村だ。谷をはさんでそそり立つ名峰を仰ぎ見るように、大きな切妻屋根に鎧戸付きの窓、バルコニーを備えた山小屋風の家々が山の斜面に点々と建つ。ガソリン車の乗り入れも禁止された村の清澄なたたずまいが魅力

🇨🇭 Switzerland
スイス

イタリア国境にほど近いバヴォーナ谷は電気の届かない村だ。16世紀から現在まで、人々は夏の間だけ太陽光発電を使いながら石造りの家に住み、冬は山を下りていく。この暮らしが人間の営みと自然のすばらしい調和を実現した。家は屋根も壁も小さな石を積み上げて建てられる。その姿は傍らにそびえる岩山から生まれてきたよう

Switzerland
スイス

スイス東北部を代表する高峰・ゼンティス山を背景に、緑の斜面をかわいらしい家々が建つ。標高2300メートルのウンターヴァッサーは、夏はハイキング、冬はスキーを楽しめる村だ。トッゲンブルク地方でもっとも高いところにあるにもかかわらず、その名が意味するのは「水面下」。不思議な地名は15世紀から知られているという

Italy
イタリア

切り立った崖で肩を寄せ合う色とりどりの家々。リグーリア海岸沿いの世界遺産、チンクエ・テッレの夕景は絵のようだ。これら石造りの「タワーハウス」は住まいと防衛の機能を兼ね備えたもので、11世紀から18世紀にこの地方を支配した海洋国家・ジェノヴァの典型的な建築様式のひとつ。海からの敵を常に意識しながら人々は中世に生きたのだろうか

Italy
イタリア

水の都ベネチアは、ヨーロッパの中でもっとも大規模に「自動車を禁止」した街。行き交う人々の移動手段は船か自分の足のみだ。市民の住まいも水に近く、表側に陸の道があり裏側には水の道=運河があるのが一般的。隣の建物とともにゴシック～ビザンティン様式の風情を感じさせる赤いタウンハウスの１階は、ボート用の出入口になっているようだ

Italy
イタリア

中部の山岳都市・スカンノでは、中世からバロックにいたるまでさまざまな様式の建築がよく残されている。もっとも印象的なのが、入り組んだ細い路地とともにたたずむ家々の風景だ。ロマネスク風に小さな窓と石の壁でつくられ、静かに密集するその姿は、アンリ・カルティエ・ブレッソンなど著名な写真家を魅了し、多くの作品が生み出された

Italy
イタリア

コスタ・スメラルダ（エメラルド海岸）といえば、屈指の超高級リゾートとして世界中の富裕層が訪れる地。しかしその歴史は新しく、形成されたのは1960年代だ。豪奢なホテルのほかに、ここには海に向かって無数の別荘も並び建つ。サルディーニャ風の土壁が醸し出す落ち着いた雰囲気は、豪華さに飽き足らない人々の欲求にこたえたのだろうか

Italy
イタリア

プーリア地方の農村地域で見られるもっとも魅力的な住居がトゥルッリだろう。材料は畑を開墾する際に掘り出される石灰岩だ。頂点に楔石を置く円錐形の屋根は薄く切り出した石を何層にも重ね、壁は切り石の間に砕石も詰めて厚く造り、漆喰で仕上げる。もとはひと屋根にひと部屋だったトゥルッリは、今では台所からリビングまでいくつかの部屋を連ねることも多い

Malta
マルタ

ヴァレッタは街全体が世界遺産。街路の両側に並ぶ家々はどれも色あざやかなバルコニーを持っている。18世紀の半ばから続くこのスタイルは、かつてこの地を支配したマルタ騎士団が建てた宮殿の豪華な窓を庶民が模したのが始まりだという。照りつける夏の太陽と冬の長雨で木製のバルコニーが傷まないよう、カラフルな塗料で守っている

Malta
マルタ

もとは漁師たちの住む穏やかな入り江だったスピノーラ湾は、古くはカルタゴやオスマントルコ、近世ではナポレオンによる攻撃を受けるなど、地中海の要衝・マルタの複雑な歴史の矢面に立ってきた。今は漁業のほかに海のアクティビティやグルメが楽しめる島随一のにぎやかな街となったが、その海の美しさは今も変わらず、青く澄みきっている

Austria
オーストリア

チロル地方の美しい景観を作るエッツタールは、東アルプス有数の渓谷。ここに位置するエッツはトレッキング、ラフティングなど自然に囲まれた休日を楽しむために多くの人々が訪れる街だ。通りでは、文字や絵を壁に直接描いた建物が多く目につく。しゃれた窓枠も、よく見ればやっぱり描かれたもの。大胆なだまし絵は街の風景の立役者だ

Austria
オーストリア

アルペンスキーの名選手トニー・ザイラーの故郷キッツビュール。古くは銅の採掘で栄え、中世には固い防御を誇る城壁の街としても知られた。その後、壁は崩されて住宅などを建てる材料にされたという。今はスキーのメッカ、夏もテニスやゴルフの大会でにぎわうこの街を彩るのは、カラフルな切妻屋根の建物たち。イン渓谷周辺の典型的なスタイルだ

Austria
オーストリア

ハルシュタットの歴史は紀元前まで遡る。「ハル」はケルト語で「塩」。岩塩の産地として繁栄し、鉄器時代のヨーロッパ文化の中心だった。ハルシュタット湖に流れ込むヴァルト河口の街は平らな土地が少なく、崖にへばりついて建つ家々も。2、3階をつなげたバルコニーを湖面に突き出すこの住まいでは、居ながらにして世界遺産の絶景を楽しめる

Hungary
ハンガリー

中部ヨーロッパにあって、ハンガリーはアジアの騎馬民族に起源を持つ人々の土地だ。彼らの祖先ははるか東の地から牧草を求めてユーラシアを西へ向かい、数百年の時を経て安住の地にたどり着いた。国土の半分を占める大平原には、彼らの祖先を育んだ伝統的な住居が残されている。茅葺き屋根と白壁の素朴な美しさが、平原の緑によく似合う

Greece
ギリシャ

古代ギリシャ彫刻の傑作・ミロのビーナスが発見されたことで名高いミロス島・クリマ集落は、紺碧の内湾沿いにある小さな漁師の村。壁は白く、扉やバルコニーにはカラフルなペイントを施した２階建ての住まいが、海に向かってずらりと並ぶ。１階には漁に使う船や道具類を保管し、家族は上階に住むのがここでの伝統的な暮らし方だ

Greece
ギリシャ

その美しさで海外ウエディングでも高い人気を誇るサントリーニ島は、地元のぶどうを使ったワインの交易で昔から栄え、多くの移民を受け入れてきた歴史をも合わせ持つ。島の中央で偉容を誇る城塞のような集落は、ベネチアからやってきた商人たちがつくったものだ。住居はフラットな組積造、真っ青に塗られたドーム屋根は教会になっている

Greece
ギリシャ

ギリシャ神話の森と猟の女神アルテミスが司る島とされるレロス島が浮かぶのは、ギリシャ本土よりもトルコに近いエーゲ海東部。その位置ゆえに紀元前から20世紀にいたるまで、幾多の戦いの舞台となってきた。しかし穏やかな島の風景が、厳しい歴史をふと忘れさせる。海風を受ける風車を備えた小さな教会に、静かな時間が流れていた

Greece
ギリシャ

サントリーニはエーゲ海に浮かぶ活火山の島だ。中央の湾に浮かぶカルデラを囲む岩山に、18世紀の船乗りたちが自らの住まいをこしらえた。海を望む岸壁を山に向かって掘り進み、いくつかの部屋を確保する。外側にはテラスを作って食事や団欒を楽しみ、その先に寝室、一番奥には物置。船乗りたちが去った今も、島北部のイア集落に残る暮らし方だ

Albania
アルバニア

石畳の街路が続く城塞都市ジロカストラは「石の街」の異名を持つ世界遺産の街。繁栄をきわめたオスマントルコ支配下時代の文化を色濃く残している。商店が続く旧市街の中心部では、3階部分が街路に大きくせり出した家がいくつも並んでいた。後期オスマン様式で見られる伝統的な張り出し家屋だ。せり出し部分はリビングや客間として使われる

Albania
アルバニア

ジロカストラに500棟以上ある、天然スレート葺きの石の家「クラ」。争乱の多かった19世紀に建てられた住宅は小さな要塞のようだ。1階は倉庫、2階が生活の場。強固につくられた1階に比べて2階は窓を大きく取り、装飾が施され、室内は豪華なインテリアでととのえられた。防御を考えながらも文化的に暮らしたい…当時の人々の思いが透けて見えるよう

Bulgaria
ブルガリア

黒海に面した古代都市・ネセバルはブルガリア屈指のリゾート地。ギリシャ、ローマ、ビザンティン、オスマン帝国と多くの支配文化の波に洗われてきた。ビーチ沿いでライトアップされるのは、黒海沿岸の典型的な建築様式である石造りの1階に木造の2階がせり出す木造建築。オスマントルコからの民族復興を意識し、19世紀から多く建てられたという

Bosnia and Herzegovina
ボスニア・ヘルツェゴビナ

アドリア海に注ぐネレトヴァ川にかかる美しい橋、モスク、ミナレット。石畳の路地の両脇には白やピンクの壁にスレート葺きの屋根を載せたヨーロッパ風の低い建物が連なる。モスタルの旧市街で出合うのは、東西文化が共存する空間だ。激しい戦火を乗り越えた人々が作り上げた平和な風景の傍らに、世界遺産となった名橋・スターリ橋が微笑む

Romania
ルーマニア

ルーマニアには、ローマからバロック様式まで一千年の歴史を語る数多くの教会建築があり、世界遺産に登録されたものも多い。北部のブコヴィア地方ではあざやかなフレスコ画が壁を彩る5つの修道院が郷土の自慢だ。壁画は寺院に限らない。人々の住まいにも民族的な幾何学模様から植物までさまざまなモチーフが描かれ、美しく住まわれている

Romania
ルーマニア

コルヌ・ルンチイの村で見かけた伝統的な住居。塀のひし形文様はこの地方で採れる鉱物がモチーフという。なにより目を奪われるのは、屋根や破風を飾る彫刻の見事さだ。棟木の端につける凝った化粧真束を含めて、家を建てる大工の腕の振るいどころとなる。このあたりは刺繍や陶器などの工芸も盛んな地域。住む人々の繊細な手仕事を思った

Czech Republic
チェコ

おとぎの国に迷い込んだような家に出合えるのがホラショヴィツェ村だ。これは「南ボヘミアの農村バロック」と呼ばれる独特の様式。800年前から人が住んだこの地は16世紀のペスト流行で一時ほぼ無人となったが、19世紀に再び住民が集まり始め、住居も建て直された。かわいらしいデザインは、よその土地から花嫁を迎えるために工夫したという伝承も

Czech Republic
チェコ

赤いチェックのしゃれた妻壁が目を引く農家住宅は、チェコ共和国の東の端・ドンブロバの街に建っている。中世ヨーロッパの木組み建築を基本としているが、特徴的なグリッドはこの地域独特のもの。わらを混ぜ込んだ粘土の壁土に丸太を割いた梁をからみつけ、さらにくさびで留めつけているのだ。装飾性も考慮されているのはいうまでもない

Poland
ポーランド

ザリピエの農家の壁で、咲き誇る花束を見つけた。19世紀頃からこの村にあったという、室内に紙製の花やクモを飾る習慣がいつしか花を描くことへと変化し、家の外壁や塀にまで及んでいったと伝えられる。画家は主に女性たちだ。初めは牛の尾で絵筆を作り、食事に使う肉の脂身や粘土を絵の具代わりにして、農作業のない冬に描いていたという

Lithuania
リトアニア

バルト海に浮かぶ細い糸のようなクルシュー砂州は、世界遺産に登録された自然を求めてリトアニア国内やドイツから多くの観光客が訪れるリゾートだ。砂州の北半分を占めるリトアニア領には小さな漁村が点在し、伝統的な漁師の住まいが見られる。木造の切妻屋根、ベンガラ色に塗られた壁に、窓枠や鎧戸、破風板のあざやかな青がひきたつ

Estonia
エストニア

エストニアの首都タリン旧市街の中心、石畳の広場を取り巻いて建つカラフルな建物やゴシック様式の旧市庁舎を見上げれば、中世ハンザ同盟の都市として栄えたこの街の息吹がそのまま伝わってくる。街路や広場に沿って切妻屋根の破風を持つ間口の狭い建物が連なる街並は、ドイツ系商人からもたらされたもの。ハンザ都市の典型的な風景だ

Russia
ロシア

広大な土地と豊かな森林資源に恵まれたロシアでは、古くから寺院や城、邸宅など多くの木造建築が造られてきた。スモレンスクの郊外に1901年から建つ、かつて貴族の別荘だったこの建物はロシア伝統のログハウス仕立て。材木の切口が傷まないようにと大工たちはのこぎりを使わず、必要最低限の部分だけ斧で加工する時代が長く続いたという

Russia
ロシア

丸太を割かずにそのまま使って組み上げ、ペンキを塗っただけの質素な木の家。しかしその窓まわりを見ると意外なほど手が込んでいることに気がつく。彫刻を施した窓枠は上部がペディメント風にしつらえられ、周囲の刻み跡とともに壁面にアクセントを与えているのだ。ほかにも鎧戸や玄関まわりなど開口部の装飾に凝るのはロシアの木造住宅の定番

Russia
ロシア

おもちゃ箱をひっくり返したような色彩の洪水だ。ここはモスクワから約500キロ北上したヴォログダ州、18世紀のピョートル大帝の時代から、広大な森林の豊富な資源を背景にした木材加工産業が盛んな土地。カラフルに塗り上げられた木造住宅の壁や破風、窓枠を飾るおびただしくも繊細な木彫装飾に、人々の暮らしと木の深い関わりが感じられる

Egypt
エジプト

幅3キロメートルを超える世界有数のアスワン・ハイ・ダム。巨大なダムがせき止めたナイルの水は砂漠を潤し、緑地や農地を拡げていった。ただし、ここはエジプト。ダムにほど近いアスワンであっても、街並は乾いた茶色だ。年間降水量はわずか数ミリ。乾燥地域で主流の日干しレンガ造りの家々が、アスワン中を埋め尽くしていた

Tunisia
チュニジア

南東部にあるメドニンは、交易の要衝として栄えたところだ。街ではかまぼこ型の屋根を持つ長屋スタイルの家々が広場を取り囲んでいる。地域や時代によって違いはあるが、基本的に建物は礫岩や土などで造られ、下階は仕事場や倉庫に、上階が居住スペースに使われる。厳しい暑さの土地柄らしく、熱風を遮断するために窓の数は少ない

Morocco
モロッコ

背骨のように連なるアトラス山脈の南側を並走するカスバ街道。カスバとは、砂漠の厳しい気候から身を守り、時に外敵の侵入を防ぐため、日干しレンガの住居を寄り添わせて城塞のようにしつらえた建物群を指す。街道のあちこちで見ることができるこのカスバ。密集した建物は夏には多くの日陰を作り、冬には暖かい空気を閉じ込める

Morocco
モロッコ

淡青や濃紺に輝く家々が街の一画を占める、モロッコ北部のシャウエン。ここは、かつてキリスト教の勢力拡大を逃れたユダヤ教徒が移り住んだ場所だ。空を表す青色は、ユダヤ教を象徴する色のひとつ。逃れてきた人々は、拠りどころの青色を街中に塗ったといわれている。この地域はまた、あざやかな青い顔料となる鉱石・アズライトの産地でもある

Morocco
モロッコ

首都ラバトは、商業や金融の中心都市・カサブランカから100キロほど北東にある。城壁に囲まれた内側が居住エリアだ。今見られる市街地の骨格は、かつてこの地を治めていたフランス人によって20世紀初めに計画されたもの。混沌の旧市街と、ヨーロッパ風建築とイスラム教モスクが混在する新市街、ふたつが隣接するラバトの街は魅力にあふれる

Burkina Faso
ブルキナファソ

都市部から少し離れれば、サバンナ気候特有のバオバブがまばらに生える草原地帯が広がる。雨期の数カ月を除けば一年のほとんどが乾期の土地だ。草原の一画で見かけた土造りの家は、壁一面に三角形を基本とした幾何学模様をまとっていた。農業と牧畜が主産業のブルキナファソ。模様には平和な暮らしとともに降雨を願う村人の思いが込められている

Senegal
セネガル

西アフリカには、この家のように円形やひょうたん型をした土造りの壁に急勾配の茅葺き屋根を持つ建物が多い。建物は用途に合わせて家族でいくつか所有し、さらに村単位で集まって集落を作る。セネガルでは20を超える民族が暮らし、それぞれが独自の文化を持っている。各地を回って、形や素材に違いのある壁と屋根を見つけてみるのも面白い

Benin
ベナン

ギニア湾に面する南の都市部から北上すれば、岩や土がむき出しの山がちな乾燥地帯へと土地はその表情を変える。ベナンの少数民族ソンバの人々が暮らしているエリアだ。彼らの家はタタと呼ばれ、外敵から身を守るため閉鎖的な造りとなった。円筒形を集めて壁で囲った形の家は、隣国トーゴでも見ることができる、このあたりのスタンダードな建物だ

Togo
トーゴ

土に水を加えて練り上げ、団子状にしたものを複数層に積み上げて造った、タンベルマ族の家。団子土壁は厚くて丈夫な壁を造ることができるため、アフリカではポピュラーな建築方法だ。1階は作業場や家畜小屋で、2階を住居にするのが一般的。敵の侵入を防ぐために入口を小さくし、円筒形の建物を集結させて、要塞のような家を完成させた

Canary Islands
カナリア諸島

カナリア諸島は、モロッコ沖の大西洋上に浮かぶ7つの島からなるスペイン自治州。その最大の都市がラスパルマスだ。この街の港は日本の遠洋漁業の基地として知られており、古くは15世紀後半、大航海へ向かうコロンブスも寄港した。コロニアル様式のこの家は彼が滞在したといわれる建物。部屋の窓からまだ見ぬ大地を夢見ていたに違いない

Mali
マリ

ニジェール川沿い、バンディアガラの断崖付近に暮らすドゴン族。彼らは外敵から逃れるために下流域を離れ、険しい台地に住みついた。住まいは木の幹と石を基礎にして、日干しレンガで壁を造り、屋根は梁や垂木を泥で固めた。長方形は居住スペース、筒形は台所、わら屋根を載せたものは穀倉とするのが基本。家族ごとに数棟を所有し集落が作られる

Niger
ニジェール

トゥアレグ族は、ニジェールからアルジェリアやマリにかけてのサハラ砂漠を遊牧して暮らす民。女性ではなく男性が肌を隠すことを習慣とするのは、ムスリムでは珍しい。移動が多い彼らの家は、携帯と設営に優れたテントだ。木の棒でアーチや横木を組み、ヤシの葉の繊維で編んだマットを載せて作る。家具は寝イスくらいという、シンプルな暮らし

Niger
ニジェール

地中海と西アフリカとを結ぶ隊商交易の主要な中継点が、北部の主要都市・アガデスだ。15～16世紀ごろにはキャラバン隊の宿泊施設が建ち並び、人やものが行き交って栄華を誇った。そして21世紀、この街の歴史地区は世界遺産に登録される。土造りや泥造りの装飾的な家並の中、往時のにぎわいを感じようと訪れる人々の往来は今も続いている

Sudan
スーダン

シルックは南部の白ナイル川西岸域で農業と牧畜を営んで定住する民。儀礼や集会などで使う広場の周りに父系の親族が集まって村を作る。家族は壁で囲った敷地に夫用、妻用、調理用といった数戸の家を持つ。広場側とその反対側とふたつの入口を設けるのが決まりだ。夫の家屋で貴重品を、妻の家屋で食材を、それぞれ保管するのがシルック流

Ethiopia
エチオピア

バナナによく似たエンセーテは、南部地域で多く栽培されるバショウ科の植物。主に葉の付け根や根茎に蓄えられたでんぷんを食用とするところが、実を食べるバナナとの大きな違いだ。このあたりで暮らすドルガ族は、竹の骨組みをエンセーテの葉や茎で覆って家も造る。ただし、この家は虫に食べられる被害も多いそう。メンテナンスが大切

Ethiopia
エチオピア

ナイル川へと流れを進める青ナイルは、エチオピア北部のタナ湖を源とする。この湖があるアムハラ州は国内有数の穀倉地帯として知られ、畑作を生業とするアムハラ族が多く住んでいる。円筒形の家は、一見するとアフリカでよく見られる土造りの壁。しかし、よく見ると大きさや形が不揃いの石を積み上げて造っている。これが彼らの家の大きな特徴

Kenya
ケニア

ケニアのガブラ族は、エチオピア国境近くのチャルビ砂漠で遊牧の暮らしを営む。彼らの家はアカシアの根で骨組みをつくり、その上からサイザル麻で織った布や筵、ラクダの皮などで覆ったもの。家畜の餌となる草を追い、ひと月に一度移動するとき、家は解体されてカゴへと早変わりする。あとはラクダにつけて子どもたちとお年寄りを乗せ、出発!

Burundi
ブルンジ

タンザニアやコンゴなどに囲まれた中央アフリカのブルンジと聞いてピンとくる人は、おそらくコーヒー通だろう。コーヒー豆はブルンジで1、2を争う輸出品、しかも国民の半数以上が生産に携わっているという。ルワンダやコンゴと国境を接する北西部の高原地帯は、その産地のひとつ。そう聞けば、このあたりの家が巨大なコーヒー豆にも見えてくる

Zambia
ザンビア

世界遺産に登録されているビクトリア・フォールズ。この滝の観光拠点として有名なアフリカ南部の内陸国がザンビアだ。銅をはじめとする地下資源が豊富な地としても知られるこの国は、イギリス領だった歴史を持つ。北部地域で見かけたコロニアル調の家は、マナーハウスと呼ばれるかつての貴族の邸宅といわれ、今も当時の面影を残している

Botswana
ボツワナ

コンクリートは、砂と砂利に水を加えてセメントで固めた建材だ。最近では強度をアップしたり環境性能を上げるため、合成樹脂やガラス繊維などを混ぜ込んだ特殊なコンクリートも次々に登場している。南部アフリカのボツワナで見かけた家は、土造りの壁に空き缶を埋め込んで建てていた。廃材活用で強度向上、これも現代的な建築技術かもしれない

Madagascar
マダガスカル

国民ひとりあたりの米消費量で世界1、2を争うマダガスカル。食べる量は日本人のおよそ2倍だ。米作りも各地で盛んに行われ、中南部の高地で暮らすベツィレウの人々の生業もやはり稲作。このあたりではレンガ造りの柱で支えた庇付きバルコニーを持った家が多いのが特徴だ。空の色を映した青いバルコニーに上がれば、稲穂が揺れる水田が一望だろう

Madagascar
マダガスカル

南東部の山あいに住むザフィマニリの人々は、木と真摯に向き合う民族だ。数十種の木材を用途に合わせて使い分け、それぞれに意味を込めた文様・模様を家や道具に緻密に彫り込む。ユネスコの無形文化遺産に登録されたことからも、その技術の高さは明らかだ。建築も例外ではない。釘や蝶つがいを一切使わず、ほぞ穴とほぞ継ぎを駆使して家を建てる

Lesotho
レソト

レソトは南アフリカに囲まれた小さな国。ドラケンスバーグ山脈の中にあるため、すべての街は標高1500メートル超だ。雪を抱く高峰や高原の湖にも恵まれ、アフリカのスイスと称されることもある。そんなレソトで見かけた石室の家並は、円錐形の屋根が茅で葺かれていた。ここはスイスか、アフリカか。バスト村には不思議な風景が広がっている

South Africa
南アフリカ

あざやかな色彩と強いタッチが生み出すパワフルなデザイン。ンデベレ族が住居の外壁や塀を飾る壁画は、日用品や身の回りの風景などさまざまなものから受けるインスピレーションを抽象化して表現したものだ。下地を漆喰で白く塗ってから黒い輪郭をくっきりと描き、鉱物や土に顔料を加えた絵の具で色付けする。対称性を強調する意匠も特徴のひとつ

Canada
カナダ

北米大陸で見られる「ソルトボックス型の家」は、母屋に下屋を加えたような形が特徴だ。カナダ東北部、チェンジアイランドに建つこの黄色い家では、下屋をどのように使っているのだろう。友を招き入れる客間か、それとも家族団らんの居間なのか。夕陽に染まる家の中から、家族の暖かな話し声が聞こえてくるようだ

Canada
カナダ

セントローレンス川に浮かぶオルレアン島。ケベックシティにあるこの島では、住民の多くが農業を営み暮らす。ケベックといえば、カナダの中でもフランス語の話者が多く住むところ。島を歩くとメープルの林や果樹園の間から、赤や青に塗られたかわいらしい家々が顔を出す。人々の声を聞けば、まるでフランスの田舎町に迷い込んだような錯覚におちいるかも

Canada
カナダ

マニトバ州は北米大陸中央部に位置し、カナダでも有数の“晴れの日”が多い土地として知られている。この気候風土を活かし、小麦をはじめとする農業が盛んだ。州都ウィニペグの歴史公園に保存されているクラシカルな木造民家が、青空の下、凛とした姿を見せた。屋根からにょっきり突き出た２本の煙突に、天に向かって伸びる小麦の姿が重なる

United States of America
アメリカ合衆国

日干しレンガなどを使った四角い部屋を、いくつも積み重ねて造られた集合住宅「タオス・プエブロ」。ニューメキシコ州にあるアメリカ先住民・タオス族の集落で、世界遺産に登録されている。かつては防御のため１階に入口をつくらず、ハシゴを使って上部から出入りした家々も今では扉が付けられ、人々は戸外のカマドでパンを焼いて暮らす

United States of America
アメリカ合衆国

ペンシルベニア州ランカスターにはさまざまな建築様式と雰囲気を持つ家が、今も多く残っている。アメリカ合衆国第15代大統領ジェームズ・ブキャナンの家もそのひとつ。弁護士であり大臣としても活躍したブキャナンの足跡をたどりながらこの家をふらりと訪れてみれば、当時の合衆国の歴史とそこに生きた人々の息吹とに出合えるだろう

Mexico
メキシコ

かつてアジア貿易で流通し、幕末期の日本にも入ってきていたスペインの銀貨は、メキシコ産の銀で鋳造されていた。その産地のひとつがグアナファト。首都・メキシコシティの北西にある標高2000メートルのこの街には、スペインの植民地だったころの家々が今でも現役だ。銀山を含めたカラフルな市街地全体が、世界遺産に登録されている

Cuba
キューバ

首都ハバナの東方に位置する小さな港町・コヒマルに建つ家。ヘミングウェイが晩年に綴った名作「老人と海」は、この街の漁師から聞いたカジキ釣りの話がそのイメージの源泉になったという。小説家自身もこの街に足しげく通い、多くの時を過ごした。「老人と海」を出版してから2年後の1954年、彼はノーベル文学賞を受賞した

Peru
ペルー

ボリビアとの国境、標高3800メートルの高地にあるチチカカ湖に島をつくり、浮かべて暮らしているウルの人々。他民族との争いを避け、湖上で暮らしたのが始まりだ。島はトトラと呼ばれる植物を乾燥させ、束ねて積んで浮かべている。トトラで屋根を葺いて家も建て、トトラの船で移動する。トトラはさまざまなものを生み出す万能の植物

Brazil
ブラジル

17世紀後半に金鉱脈が発見され、その後、ブラジル東部ミナス・ジェライス地方の金採掘の中心都市として栄えた街がオウロ・プレットだ。金鉱の多くが閉山したとはいえ、カラフルな家々が建ち並ぶ風景は今でも人々を魅了し引きつける。1980年、オウロ・プレットの歴史地区はブラジル初のユネスコ世界遺産に登録された

Chile
チリ

独特の様式美で知られる教会群が世界遺産にも登録されている、ロス･ラゴス州のチロエ島。南米有数の大きさを誇り、農林漁業のほか観光も盛んなこの島は、西に太平洋を望み、東にアンクー、コルコバド両湾をはさんで本土に面する。海岸線の一部地域では、海から延びる掘立柱の上に建つ家々が静かにたたずんでいる

Argentina
アルゼンチン

フエゴ島の南部沿岸に位置するウシュアイアは、首都ブエノスアイレスやチリの各都市とも飛行機で結ばれる南米最南端の主要都市だ。最果ての街の目の前に広がるのはビーグル水道。ここは、進化論を提唱したダーウィンが、マゼラン海峡を横断したときの経路となった。緑屋根の２階の窓からは、当時と変わらぬ海の風景が今も眺められる

Argentina
アルゼンチン

首都ブエノスアイレスの南東にあるラ・ボカ地区。ヨーロッパ系の住民が多く暮らす街並には、カラフルな壁の家々に囲まれた小道「カミニート」が延びている。アルゼンチン屈指のサッカークラブ・ボカジュニオールスの本拠地があるのもこの地区。カミニートをそぞろ歩けば、あちこちの家の窓から強豪をたたえる応援歌が聞こえてきそうだ

Turkey
トルコ

シリアとの国境に近い南東部のハッラーンは、メソポタミア文明時代の中核都市のひとつ。家の材料は日干しレンガだ。四角く積み上げた厚い壁の上に卵型のドームを載せた独特の姿で、ドーム上方にはレンガ 1、2 個分の換気・通気口が開けられている。外から見るとつながっているようだが、中に入ればいくつもの部屋に区切られている

Turkey
トルコ

ユネスコ世界遺産に登録されているカッパドキアの岩石遺跡群は、アナトリア高原の火山が生みだした景勝地。数千年もの昔に最初の洞窟住居がつくられたといわれ、今もその伝統は受け継がれている。洞窟の中は部屋が幾重にも積み重ねられ、一見暗い地下都市のようだが、保温・保湿にすぐれた空間では、実はすこぶる快適な暮らしが待っている

Syria
シリア

石灰岩の割石を積んで壁を造り、その上に日干しレンガのドーム型屋根を載せた家。シリア北部の地域で見ることができる家並だ。平らな屋根の部分は客間、ドーム屋根は居室、納屋、台所などに分かれ、それぞれが中央の中庭を取り囲んでいる。各部屋の出入りはすべて中庭から。家族の顔がよく見える、そんな暖かさに満ちた家だ

Israel
イスラエル

エルサレム旧市街は神殿の丘と嘆きの壁、聖墳墓教会、岩のドームといった、ユダヤ教・キリスト教・イスラム教それぞれの聖地がある特別な街だ。現在は世界遺産の「危機遺産リスト」に登録されている。この旧市街がある東エルサレムには、丘陵地に寄り添うように小さな家々が並び、多くのパレスチナの人々が暮らしている

Yemen
イエメン

装飾された塔状の家が林立する街の風景が強烈な印象を残すイエメンの首都・サナア。外敵から身を守るために建てた見張りの塔がそのルーツといわれる。塔の家は食料庫や家畜小屋を下階、その上に家財置き場や客間をつくり、家族が暮らす部屋はさらに上にしつらえるのが一般的。現在は1階が店舗に利用されることも多い。市街地は世界遺産に登録されている

Yemen
イエメン

塔状の家は2階までを石材、上階は焼成レンガをそれぞれ積み上げて造り上げられた。レンガ部分の外壁には漆喰を施し、その上から石こうで装飾される。描かれる文様は偶像崇拝を避けて、幾何学模様や唐草が主流だ。階を上がるほど装飾は派手になり、富裕層ほど凝ったものになるという。サナアに建つこの家の主は、はたしてどれほど裕福なのだろう

UAE
アラブ首長国連邦

ここはドバイ首長国の首長、シェイク・モハメドの祖父シェイク・サイードがかつて住んでいた邸宅。1896年にドバイ・シェタガ地区に建てられた。中庭を囲むように建物を配し、建物上部の塔から室内へと風を取り入れる、伝統的なアラブ式建築のひとつだ。ペルシャ湾を吹き渡る心地よい海風が、くつろぎ談笑する人々を優しく包んでくれる

Iran
イラン

アゼルバイジャンやアルメニアの国境に近い北西部のカンドヴァン村では、岩山をくりぬいた洞窟住居が見られる。ここは700年ほど前から人が住み着いて、今も多くの人々の暮らしの場となっている。高地ならではの厳しい気候の中、夏涼しく冬暖かく過ごせるのが洞窟住居のいいところだ。これから先も人々は代々ここに暮らし続けていくのだろう

India
インド

モンスーンの時期を除くと乾燥した晴れの日が続くインド西部・グジャラート州。石灰で白く塗り上げた土壁は酷暑の中の暮らしにはぴったり。木製の扉も熱気を遮断するのに一役買っていそうだ。このあたりは綿花の栽培が盛んな土地柄。女性が身につける民族衣装の刺繍の美しさ、華やかな色合いが白い壁によく映える

India
インド

インド最東部、ナガランド州の州都でミャンマーとの国境も近い街・コヒマは、主にモンゴロイド系の人びとが暮らす、インドでも珍しい地域。その多くがキリスト教徒だ。近隣の州を含め、この地方で最大級のカトリック大聖堂があるのもこの街。市街地は丘陵地の斜面に沿って広がり、丘の上の屋根に掲げた十字架が街をやさしく見守る

India
インド

グジャラート州カッチ地方には石灰で塗り上げた白い土壁に吉祥や花などを描きめぐらせた家がある。円形の壁にパターン模様をちりばめたこの家は、メガワル族のもの。室内は仕切りがないワンルームの建物だ。このような建物をひと家族がいくつか所有して暮らすのが、このあたりの暮らし方

India
インド

北東部にあるシッキム州は、亜熱帯の低地から世界の屋根・ヒマラヤ山脈に囲まれた雪と氷の世界まで続く斜面の土地だ。雪をまとった嶺々を見渡すのも難しいことではない。高台に建つこの家は、世界第三位の高峰カンチェンジュンガ（標高8586メートル）のまさに展望台。高くそびえるあの頂の向こうには、ネパール王国が広がっている

Bhutan
ブータン

標高2000メートル超の高地にあるブムタン。国の中央部に位置する4つの渓谷に囲まれた地域だ。人々はここを耕して麦やそばを育て、ヤクを放牧して暮らしている。ブータンで最初に仏教が伝わった地域といわれるだけあって、それぞれの家には大きな仏間がしつらえられている。深い谷を吹きわたる風が、祈りの声をどこまでも運んでいく

Bhutan
ブータン

唐辛子やチーズを使った炒めものや煮込み料理は、ブータンの食卓の定番だ。市場には色も大きさも辛さもさまざまな唐辛子がどっさり並ぶ。人々は、料理ごと、合わせる食材ごとに唐辛子を選び、上手に使い分ける。国際空港もあるパロの郊外を歩けば、屋根や軒先で真っ赤な唐辛子を干している家々をあちこちで見かけるだろう

Kazakhstan
カザフスタン

北中部に位置するアスタナは、カザフスタン独立後に首都となった街だ。日本人建築家・黒川紀章氏が作り上げた都市計画案を元に、その骨格は造られてきた。かつてロシア系の人びとが暮らしたこの街も、今ではカザフ系の人々が多く住む土地に。街のあちらこちらに建つ青屋根のロシア風住宅だけが、昔の風景を思い起こさせる

Mongolia
モンゴル

モンゴル語で「ゲル」と呼ばれる遊牧民の住居用テント。中央に柱を建てて傘のような形の屋根を支え、格子に組んだ木材で壁を造り、あとは布やフェルトで全体を覆って完成だ。木の床と扉が付くのもゲルの特徴のひとつ。室内では、真ん中に置かれたストーブをはさんで男女が分かれて座るのが原則という。火を囲む談笑の輪が大草原のあちこちにできあがる

Republic of Korea
大韓民国

今でも伝統的な木造住居を見かけることができる、朝鮮半島南東部の古都・慶州。かつてあった身分制度は、敷地面積から建物の大きさ、色や装飾に至るまで厳しい決まりをつくっては、家の造りを制限していたという。青空の下にたたずむこの茅葺きの家には、誰が住み、どのような暮らしをしていたのだろうか

China
中国

中国・山西省は内陸部、雨が少なく夏と冬の寒暖の差はとりわけ大きい。この厳しい風土に合わせた住まい方が「ヤオトン」。山の斜面を掘り抜いたり、レンガを積んで土を載せたりして部屋を造り、土の中で暮らすのだ。夏は涼しく冬は暖かなヤオトンは、木の枠でつくられたアーチ状の門や窓のデザインも地域ごとに異なっていて、見ているだけで楽しい

China
中国

長江（揚子江）支流の沱江沿いにある「鳳凰古城」には、清朝時代の面影を今に伝える街並が続いている。ここは湖南省の西端、ミャオ族自治州鳳凰県。川に面した斜面にへばりつくように家を建て、川の上へと床をせり出し、それを支える柱を川底へ延ばしている。水辺の反対側は街路に面し、こちらは人々の行き交う姿が絶えないにぎやかさ

China
中国

中国の伝統的な家の形のひとつ「四合院」。四角い庭を４つの建物で囲んだつくりが特徴だ。正方形の中庭を持ち、整然と建物が配された北京市街の家並がその代表格といわれている。四方を壁で囲まれた四合院は、外部の喧噪から解き放たれた別世界。静かな暮らしにはもってこいだ。あちらこちらの中庭には、ゆったりと穏やかな家族の暮らしがある

China
中国

独特の迫力でたたずむ、客家の人々が一族を外敵から守るために造った円形の土楼。土を突き固めて屋根を載せた数階建ての建物で、方形や半月形のものもある。1階を厨房と食堂、2階を食料倉庫、3階以上を居室にすることが多い。各階とも中庭側に廊下が延び、その外側が部屋。土楼の内部は、いかめしい外観からは想像できない和気あいあいとした暮らしがある

Myanmar
ミャンマー

標高800メートルを超える高地にある淡水湖・インレー湖に高床式の住居がずらりと並ぶ。その構造はホテイ草などの水草でできた浮島の上に土を載せ、沈めて土台を造って杭を建てたもの。漁業のほかに、浮島にさらに土を盛った「浮き畑」で野菜を育てて生活する人もいるそうだ。手織り品の産地でもあるインレー。湖上から織り機の音が聞こえてくることもあるだろう

Thailand
タイ

「チャーン」と呼ばれるテラスを持つ住居を、14世紀ごろに繁栄したラーンナー王朝の領地だった北部地域で見つけた。山がちな土地の家らしく、寒さを防ぐために窓は小さい。居室より少し低いところにしつらえられたチャーンは、お客との語らいや休息、昼寝のほか、お祭などでも使われる。日常から非日常まで、人々の暮らしに欠かせない大切な場所だ

Vietnam
ベトナム

ホイアンは古くから開けた中部の港町。16世紀以降、各国の外洋船がここを訪れ、国際貿易港としてにぎやかな時を刻んだ。江戸時代には日本の朱印船も来航していた。ホイアンを歩けば、今でも外国の影響を色濃く残した家々を見かける。コロニアル調のこの家はフランス統治時代のものだろうか。ベトナムコーヒーの良い香りがしてきた

Vietnam
ベトナム

ユネスコ世界遺産に登録されているホイアンの古い街並。その一角に建つのが、古くから中国の豪商が住んでいる「タンキーの家」。日本と中国の建築様式が合わさった建物だ。かつてこのあたりには日本人街と中国人街が広がり、来遠橋（日本橋）がふたつをつないでいたとか。往時の人々も黄色に染まる水面を眺めていたことだろう

Cambodia
カンボジア

中西部に位置するトンレサップは、ふたつの顔を持つ湖。水深1メートル程度となる乾期から10メートル近くに達するモンスーン期まで、水面はさまざまな表情を見せてくれる。湖畔に広がるカンポン・プルックは乾期を迎えた。家々の柱や杭はすでにその全貌をさらけ出し、水が引いた土地では農作物の栽培が始まる

Malaysia
マレーシア

マレー半島南部とともにマレーシアを構成するボルネオ島北西部は、独自の文化や言語を持つ先住民族が多い。サラワク州の西部を流れるラジャン川周辺などに暮らすメラナウ族もそのひとつだ。彼らは主に漁業で生計を立て、高木の柱で支えられた高床式の家に住む。バルコニーから熱帯雨林の森を眺めれば、野生動物の声がにぎやかだろう

Singapore
シンガポール

シンガポールにはインド系住民も暮らしている。リトル・インディアはその中心地。民族衣装に身を包んだ人々が行き来し、スパイスの香りがそこはかとなく漂う街だ。メインストリートに建つヒンドゥー教の女神カーリーをまつったスリ・ヴィラマカリアマン寺院の塔門は、見事な極彩色。それに習うように、通りの窓辺も色あざやかに主張する

Indonesia
インドネシア

人々の行き来が難しい地域では固有の文化が生まれやすい。周りを海に囲まれ、3000メートル級の嶺を有する山がちなスラウェシ島の住まいもそのひとつだろう。トラジャ族が住む「トンコナン」と呼ばれる家は、割った竹を重ねて両端を反り上がらせた屋根を持ち、彩色した精密彫刻が壁に施される。独特の形をした家は一族が力を合わせて作り上げる

Indonesia
インドネシア

スラウェシ島北東部に住むミナハサ族は、少し変わった高床式の家に住んでいる。高床式の家といえば、柱で支えられた上の部分で暮らし、下は吹き放ったままが一般的だ。ところがミナハサでは、下部に台所や物置、家畜を飼うスペースを設けるのが主流。そのため、高床の高さは人の背丈が基準となり、そこを壁で囲って１階スペースにしている

Indonesia
インドネシア

1万3000以上の島からなるインドネシア。そのほぼ中央にあるスラウェシは、海をはさんでフィリピンやパプアニューギニア、オーストラリアとも接し、海洋交通の要衝として発展した島だ。生活の舞台を世界の海に求めた漂流民の中にも、やがてこの地にたどり着いた者は少なくない。美しいリーフの上に建てた家に住む彼らは何処からやって来たのだろう

Indonesia
インドネシア

インドネシア中部の南寄りにあるスンバ島で巨大なトンガリ帽子を見つけた。その正体は、急勾配の屋根を中心にして緩い傾斜の屋根が取り囲むような茅葺き屋根を持つ家。勾配が急なところは４本の高い柱でできた穀倉や祭壇スペースとし、緩いところが高床の居住空間になる。迫力満点の麦わら帽子? が並ぶさまは、この地域独特の風景だ

Indonesia
インドネシア

横は入母屋、正面は緩やかに反った形の屋根を持つ家が、スマトラ島北部のトバ湖周辺に点在する。穀倉だった建物を住居用に変えるケースが多いそうだ。高床にハシゴを掛けて出入りし、ワンルームの室内は家族ごとにスペースを分け合う。このあたりは稲作などが盛んな土地柄。収穫期になれば、庭のリヤカーは大忙しに違いない

Indonesia
インドネシア

スマトラ島に住むミナンカバウ族の家は、天を突くような尖頭の屋根が特徴的。もともとのモチーフは水牛といわれ、ミナンカバウの言葉で「大きな家」を意味するルマ·ガダンと呼ばれる住まいだ。4つの角を持つ家が一般的だが、大きい家では6つや9つの角を持つものもある。6角のこの家は、さすがに立派なたたずまい

Indonesia
インドネシア

スマトラ島北部のトバ湖周辺にある反り屋根の家には、入母屋だけでなく切妻のものもあり、妻壁を飾る彫刻が美しい。ゴルガ・リァトと呼ばれる湖の水草を彫刻のモチーフにすることが多いそうだ。ハシゴを上がって室内に入ると、中央部の通路が共用スペース。その左右を家族ごとに分け、右側奥が家長とその家族の居場所となる。間仕切りなしで分け合って暮らすのがこのあたりのルール

Papua New Guinea
パプアニューギニア

熱帯地域で快適に暮らすために建てる高床式の家は、地面から床を離すことによる通気の確保や動物の侵入防止などの効果を考えたもの。パプアニューギニア南東部のデボイネ諸島の家も同様だ。自生するニッパヤシで屋根や壁を造り、傷んできたら更新する。“廃材”はすべて天然由来のものだ。究極のエコロジー住宅がここにある

 Vanuatu
バヌアツ

南太平洋に浮かぶ大小の島々からなるバヌアツ共和国。その南部に位置するタンナ島には、世界中でもっとも火口に近づくことができるといわれるヤスール火山がある。イギリスの探検家キャプテン・クックもその噴火を目撃したそうだ。島にあるバンヤン木のツリーハウスに上がれば、当時と変わらぬ火山の息吹がより近くに感じられるかも

Micronesia
ミクロネシア

607の島々からなるミクロネシア連邦は、太平洋上の赤道北側、東西約2500キロメートルにわたって広がる。その南東部に位置するのが、直径10キロにも満たないヌクオロ環礁だ。日本気象協会などが伝えるミクロネシアの天気は、この小さな島で観測したもの。「今日は風が強いね」と、この家の住人が話したかどうか? 日本に居ながら想像できる楽しさ

Australia
オーストラリア

北東部のクイーンズランド州では、クイーンズランダーと呼ばれる木造住宅を見かけることが多い。トタン屋根に、住居部分を取り囲む庇付きバルコニー、高床式で建てるのが昔ながらのスタイルだ。通気やシロアリ防除、防風、日除けなどを考慮した結果、この形になった。午後のひととき、熱帯・亜熱帯の心地よい風がバルコニーを吹き抜けていく

New Zealand
ニュージーランド

南島有数の保養地・クイーンズタウンから車で30分ほど走ると、アロータウンが見えてくる。19世紀半ばからゴールドラッシュに沸いたこの土地は、金の枯渇とともに一度、静かな街へと戻った。そして今世紀、映画『ロード・オブ・ザ・リング』のロケ地として注目を集めることとなる。歴史的な建物が並ぶこの街が、再び輝き始めている

Japan
日本

「羽州の名城」とたたえられた上山城のお膝元にあった山形県上山市の武家屋敷は、今も４軒が現存し軒を連ねる。最上藩の要職についていた家臣の住まいだが、この家は茅葺き屋根に曲屋という東北地方の伝統的な農家のスタイルだ。当時は武士だけに瓦屋根の家が許される時代だったが、土地の風土に従う暮らしを自然に受け入れていたのだろうか

Japan
日本

北前船の中継地として栄えた佐渡島。廻船業はなやかなりし頃に船乗りたちが住みついた宿根木地区は、島西部の入り江にほど近い丘の上の集落だ。狭い土地に家が密集し、間を細い路地が走る。「三角家」の名で親しまれるこの変形総二階は、敷地に合わせて船大工が存分に腕を振るった家だ。建材も船板や船釘を使用。このまま出航できそう? な勇姿

Japan
日本

信州・海野宿は江戸期から明治にかけて、越後から江戸までを結ぶ北国街道の宿場としてにぎわった。道の両脇には「うだつ」をつけた堂々たる民家が並ぶ。当初は防火のためだった袖壁がいつしか財力を示すバロメーターとなり、裕福な旅籠や商家はこぞって巨大なうだつを上げて競い合った。「うだつが上がらない」の語源になっているのはいうまでもない

Japan
日本

富田林市の寺内町に建つ旧杉山家住宅は平入の瓦屋根や正面にしつらえた格子、虫籠窓など江戸中期の大規模商家の姿を今もよくとどめている。木綿問屋から酒造業に転じた豪商の住まいは17世紀に建てられ、この街でもっとも古いものだ。母屋以外に70人もの使用人たちに与えた部屋、土蔵、庭園を持ち、敷地は約一千坪。重要文化財にも指定されている

Japan
日本

銅板葺きの大屋根に小さな屋根が重なり、干し柿が揺れている。甲州市の高野家は別名「甘草（かんぞう）屋敷」。薬草である甘草を育てて幕府に納めたことからその名がついた大規模民家だ。高い屋根まで一本の柱を通して、そこに梁を渡す構造で建つ。ふたつの「突き上げ屋根」は、甲州民家と呼ばれるこの地方特有の住宅様式を特徴づけるもの

Japan
日本

若狭湾に面した伊根漁港に並ぶ舟屋の眺めは壮観だ。大きさは間口2間（約3.6メートル）奥行き6間（約11メートル）ほど。海面ぎりぎりの1階は港からそのまま船を引き上げる艇庫や作業場にし、上部を居間など生活空間にしつらえる。江戸時代は居住スペースのない船だけの格納庫だったが、昭和初期に海岸道路が整備された折に今の姿になったという

Japan
日本

繊細にして複雑な「赤」が織りなす甍の波が、深い山の中に突然現れる。岡山県成羽町の吹屋地区。かつて銅山を有し、副産物だったベンガラ塗料の一大産地として名を馳せた。江戸から明治にかけての繁栄を謳歌した旦那衆が、島根の宮大工を招きつくった赤いベンガラ格子に赤褐色の石州瓦屋根の重厚な商家の家並は、国の重要伝統的建造物群保存地区

Japan
日本

沖縄・竹富島の美しさはコバルトブルーの海のみならず、平屋の木造家屋にかかる赤瓦が白砂の道に映える風景だろう。酸化焼成の赤い瓦は日差しに強く、常夏の地にはうってつけだ。敷地を囲む石垣を入ればすぐに屏風（ひんぷん）と呼ばれる壁が立ち、室内への視線を柔らかく遮る。閉め切らずに風を通す、暑い土地で住まう知恵はこんなところにも

Photo Credit

カバー写真

SIME/アフロ

本文写真

P4 Alamy/アフロ
P5 Loop Images/アフロ
P6 Arcaid/アフロ
P7 Alamy/アフロ
P8 SIME/アフロ
P9 Alamy/アフロ
P10 SIME/アフロ
P11 Alamy/アフロ
P12 Arcaid/アフロ
P13 Alamy/アフロ
P14 SIME/アフロ
P15 HEMIS/アフロ
P16 HEMIS/アフロ
P17 SIME/アフロ
P18 Alamy/アフロ
P19 AGE FOTOSTOCK/アフロ
P20 Prisma Bildagentur/アフロ
P21 HEMIS/アフロ
P22 Arcaid/アフロ
P23 John Warburton-Lee/アフロ
P24 imagebroker/アフロ
P25 Folio Bildbyra/アフロ
P26 Folio Bildbyra/アフロ
P27 HEMIS/アフロ
P28 Alamy/アフロ
P29 Jon Arnold Images/アフロ
P30 高田芳裕/アフロ
P31 Photononstop/アフロ
P32 Photononstop/アフロ
P33 SIME/アフロ
P34 HEMIS/アフロ
P35 Jon Arnold Images/アフロ
P36 Alamy/アフロ
P37 Photononstop/アフロ
P38 石原正雄/アフロ
P39 SIME/アフロ
P40 AGE FOTOSTOCK/アフロ
P41 John Warburton-Lee/アフロ
P42 F1online/アフロ
P43 Arcaid/アフロ
P44 Alamy/アフロ
P45 John Warburton-Lee/アフロ
P46 Arcaid/アフロ
P47 F1online/アフロ
P48 Alamy/アフロ
P49 Alamy/アフロ
P50 Alamy/アフロ
P51 Alamy/アフロ
P52 Photononstop/アフロ
P53 Artur Images/アフロ
P54 WESTEND61/アフロ
P55 John Warburton-Lee/アフロ
P56 Prisma Bildagentur/アフロ
P57 Prisma Bildagentur/アフロ
P58 Prisma Bildagentur/アフロ
P59 Photononstop/アフロ
P60 AGE FOTOSTOCK/アフロ
P61 Prisma Bildagentur/アフロ
P62 Loop Images/アフロ
P63 Alamy/アフロ
P64 Jon Arnold Images/アフロ
P65 富井義夫/アフロ
P66 SIME/アフロ
P67 John Warburton-Lee/アフロ
P68 Alamy/アフロ
P69 Robert Harding/アフロ
P70 Alamy/アフロ
P71 伊東町子/アフロ
P72 石原正雄/アフロ
P73 AGE FOTOSTOCK/アフロ
P74 Arcaid/アフロ
P75 SIME/アフロ
P76 HEMIS/アフロ
P77 AGE FOTOSTOCK/アフロ
P78 SIME/アフロ
P79 HEMIS/アフロ
P80 高田芳裕/アフロ
P81 HEMIS/アフロ
P82 Robert Harding/アフロ
P83 黒津隆広/アフロ
P84 Prisma Bildagentur/アフロ
P85 Project with vigour/アフロ
P86 Alamy/アフロ
P87 John Warburton-Lee/アフロ
P88 Alamy/アフロ
P89 Alamy/アフロ
P90 Alamy/アフロ
P91 HEMIS/アフロ
P92 Jose Fuste Raga/アフロ
P93 Jose Fuste Raga/アフロ
P94 Alamy/アフロ
P95 HEMIS/アフロ
P96 Photononstop/アフロ
P97 GUIZIOU Franck / hemis.fr
P98 Jon Arnold Images/アフロ
P99 HEMIS/アフロ
P100 AGE FOTOSTOCK/アフロ
P101 John Warburton-Lee/アフロ
P102 VIEW Pictures/アフロ
P103 Alamy/アフロ
P104 Robert Harding/アフロ
P105 John Warburton-Lee/アフロ
P106 HEMIS/アフロ
P107 HEMIS/アフロ
P108 Robert Harding/アフロ
P109 John Warburton-Lee/アフロ
P110 Robert Harding/アフロ
P111 John Warburton-Lee/アフロ
P112 John Warburton-Lee/アフロ
P113 Alamy/アフロ
P114 Photononstop/アフロ
P115 Alamy/アフロ
P116 Alamy/アフロ
P117 Robert Harding/アフロ
P118 Arcaid/アフロ
P119 Jon Arnold Images/アフロ
P120 Jose Fuste Raga/アフロ
P121 Bill Bachmann/アフロ
P122 高田芳裕/アフロ
P123 imagebroker/アフロ
P124 Jon Arnold Images/アフロ
P125 Prisma Bildagentur/アフロ
P126 Jose Fuste Raga/アフロ
P127 Jon Arnold Images/アフロ
P128 高橋暁子/アフロ
P129 鈴木革/アフロ
P130 Alamy/アフロ
P131 Alamy/アフロ
P132 Alamy/アフロ
P133 Alamy/アフロ
P134 Alamy/アフロ
P135 Alamy/アフロ
P136 氏家昭一/アフロ
P137 HEMIS/アフロ
P138 Jon Arnold Images/アフロ
P139 Alamy/アフロ
P140 John Warburton-Lee/アフロ
P141 Arcaid/アフロ
P142 Jon Arnold Images/アフロ
P143 Robert Harding/アフロ
P144 Beijing View Stock Photo/アフロ
P145 遠藤徹/アフロ
P146 Beijing View Stock Photo/アフロ
P147 John Warburton-Lee/アフロ
P148 Photononstop/アフロ
P149 Alamy/アフロ
P150 Robert Harding/アフロ
P151 HEMIS/アフロ
P152 HEMIS/アフロ
P153 Alamy/アフロ
P154 渡辺広史/アフロ
P155 Photononstop/アフロ
P156 Alamy/アフロ
P157 Alamy/アフロ
P158 Alamy/アフロ
P159 Alamy/アフロ
P160 Alamy/アフロ
P161 Alamy/アフロ
P162 HEMIS/アフロ
P163 HEMIS/アフロ
P164 F1online/アフロ
P165 Alamy/アフロ
P166 津田孝二/アフロ
P167 芳賀柾利/アフロ
P168 エムオーフォトス/アフロ
P169 エムオーフォトス/アフロ
P170 エムオーフォトス/アフロ
P171 アフロ
P172 lapis lazuli/アフロ
P173 渡辺直昭/アフロ
P174 館野二朗/アフロ

二階幸恵
FUTAHASHI Sachie

編集者・ライター。
千葉大学工学部都市環境システム学科卒業、
同大学大学院自然科学研究科修士課程修了（建築計画）。
住宅・建築・まちづくりを主なフィールドに取材・執筆・編集に携わる。

文・編集協力
二階 幸恵・小田切 淳（階ラボ）

装幀・デザイン
山田知子（NART;S）

参考文献

アフリカ理解プロジェクト編『アフリカンリビング』明石書店 2006
R.W.ブランスキル著 片野 博訳『イングランドの民家』井上書院 1985
Agnieszka Gaczkowska『Traditional Upper Lusatian Umgebinde House Modern Reinterpretation』
井上雅義『北欧の民家』ワールドフォトプレス 2007
王其鈞『図説 民居 イラストで見る中国の伝統住居』科学出版社東京 2012
川島宙次『世界の民家・住まいの創造』相模書房 1990
後藤 久『西洋住居史 石の文化と木の文化』彰国社 2005
西田雅嗣編『建築史 西洋の建築』京都造形芸術大学 1998
ノーバート・ショウナワー著 三村浩史監訳『世界のすまい6000年①②』彰国社 1985
バーナード・ルドフスキー著 渡辺武信訳『建築家なしの建築』鹿島出版会 1976
布野修司編『世界住居誌』昭和堂 2005
ポール・オリバー著 藤井 明監訳『世界の住文化図鑑』東洋書林 2004
宮本常一『日本人の住まい 生きる場のかたちとその変遷』農文協 2007
各国政府・各地域観光局HP 他

死ぬまでに見たい！　世界の美しい家

2015年2月12日　初版第1刷発行

発行者　澤井聖一
発行所　株式会社エクスナレッジ
〒106-0032　東京都港区六本木7-2-26
http://www.xknowledge.co.jp/

問合せ先　編集　TEL：03-3403-3843　Fax：03-3403-1619
info@xknowledge.co.jp
販売　TEL：03-3403-1321　Fax：03-3403-1829